AUX MANES

DU

GÉNÉRAL FOY,

CHANT FUNÈBRE.

ÉVERAT, IMPRIMEUR,
rue du Cadran n° 16.

AUX MANES

DU

GÉNÉRAL FOY,

CHANT FUNÈBRE,

OFFICIER DE CAVALERIE,

Auteur d'un *Dithyrambe sur la naissance du Duc de Bordeaux*, des *Corinthiennes sur les Grecs*, du *Poëme de l'Inhumation*, etc.

AU PROFIT DE LA SOUSCRIPTION OUVERTE
EN FAVEUR DES ENFANS DU GÉNÉRAL FOY.

PARIS,

Chez tous les Marchands de Nouveautés.

1825.

AUX MANES

DU

GÉNÉRAL FOY,

CHANT FUNÈBRE.

Pleurez tous! enfans de Lutèce!
Pleurez tous! loin du temple où la foule se presse,
J'entends rouler un char : là, jeté par la mort,
Gît l'homme qui du pauvre accueillait la misère :
Son ame était unie aux douleurs de la terre!
Pour jamais elle en sort!

Mais ce char est suivi des flots d'un peuple immense?
On le dépouille, on saisit son fardeau,
Et le front nud on l'escorte en silence :
C'est le silence du Tombeau!

Réponds, mortel, quelle fut donc ta vie ?
Un prince protecteur a-t-il mis son orgueil
A commander pour toi ce respect et ce deuil
Que n'ose condamner l'envie ?
Sur ce livre vivant ouvert sur ton cercueil,
Quel est donc le puissant génie,
Qui déposa l'épée à l'immortelle unie ?

Ah ! c'est l'être chéri de l'immortalité !
C'est la main de la Liberté,
Tout humide encor de nos larmes,
Qui veut en décorant ton cercueil de tes armes,
Payer à ta vaillance un tribut mérité !
Il gémit, il pleure, il s'écrie :
Un homme juste et sage est mort avant le temps !
Confondez vos douleurs, amis de la patrie !
Il vous a légué ses enfans !

Peuple ! tu le reçois ce touchant héritage,
Et nos regrets croissant de cités en cités,
Des tendres orphelins par la France adoptés,
Sauront soutenir le jeune âge !

Laissez aux besoins de l'orgueil
Le cortége insolent où le faste s'imprime ;
Il suffit au héros d'une plainte unanime,
Et le pauvre toujours fut sincère en son deuil !

Que sa simplicité revive en sa mémoire,
C'est assez de son nom pour nous dire sa gloire,
Et vous, peuple, soldats, suivez de vos regards,
Pour la dernière fois contemplez cette épée
Dans le sang ennemi trempée:
Elle mit en lambeaux d'orgueilleux étendards,
Et dans de grands revers, absous par notre histoire,
Faisant marcher de front la fuite et la victoire,
Jusques aux murs d'Orthez protégea nos remparts!

Jemmapes, tu le vois, s'élancer dans tes plaines;
Tu le vois disperser les cohortes germaines;
Il charge Marengo du poids de ses hauts faits,
Et console, vainqueur, l'œil mourant de Desaix,
Dont l'héroïque mort de tant de pleurs suivie,
Fut encore un bienfait pour sa triste patrie!
O Foy! tu la servais aux bords de l'Hellespont!
Le palmier d'Orient s'abaissa sur ton front,
Et de lauriers encor ta tête fut ornée,
Quand l'homme du destin, dans Vienne consternée,
Sur les débris du Nord, précipitant son char,
Le fit rouler sanglant sur l'aigle de César!

Mais tu servais la France et non pas une idole!
Quand le dominateur s'assit au Capitole,
Ceint du bandeau superbe et du fer redouté,
Du fer, qu'en d'autres jours pleins d'espoir et d'ivresse,
Jours encore innocens de sa mâle jeunesse,

Lui confia la Liberté ,
Citoyen , tu pleuras la liberté perdue,
Et de l'illusion sur la France étendue
Tu détestas la vanité!

Pour toi point de lâche faiblesse!
Trente rois aux genoux du prince des guerriers,
Baisaient avec respect la poudre de ses pieds;
Tu n'humilias point ta noble hardiesse,
Convive audacieux de ton chef irrité,
Jusqùes dans le palais où siégeait sa fierté,
Où ses flatteurs muets attendaient sa parole,
On te vit refuser, gardant ta liberté,
Des libations à l'idole!

Étonné de tant de grandeur
Il feint d'oublier ton audace,
Et ton respect le suit aux jours de son malheur:
L'Europe a secoué sa honte et sa stupeur,
L'Europe après vingt ans d'opprobre et de disgrâce,
Se lève contre lui sans le combattre en face,
Et de la trahison implorant le secours,
Met un terme rapide à l'éclat de ses jours!

Il tombe : l'univers a frémi de sa chute ,
Les rois ont terminé leur sanglante dispute,
Leurs mains ont déchiré la pourpre du héros,
Et la haine déjà partageait ses lambeaux ,

Quand des bords du midi s'élance un cri de guerre,
Un cri qui se répond des deux bouts de la terre!
Guerrier, reprends ton glaive et viens combattre encor;
Aux champs de Waterloo, viens chercher la victoire.
La victoire te fuit, il te reste la mort!

De ce pays sacré, qui pleure ta mémoire,
Ton sang a fécondé le premier champ de gloire,
Ton sang le doit servir à son dernier effort:
　　Un plomb mortel a glacé ta paupière,
　　Le fer échappe à ta vaillante main,
Et tu bénis le ciel, qui, fermant ta carrière,
　　T'épargne un affreux lendemain!

Ah! qu'il était brillant dans ces jours de batailles
Qu'un vivant souvenir retrace à tous les yeux!
Les Grecs en eussent fait le plus fier de leurs Dieux,
Quand la Mort, convoitant ses nobles funérailles,
　　A son aspect, craignant de se tromper,
Le rencontrait debout, sans oser le frapper!

Jusqu'au dernier péril, fidèle à sa patrie,
Il ne la vendit pas à l'or de l'étranger!
Jusqu'au dernier moment il sut la protéger:
Sa voix comme son bras ne l'a jamais trahie,
Il fut l'appui du peuple et l'ami de ses rois:
Ces emblêmes unis l'attestent à la fois.

Combien elle a tonné, puissante et mesurée,
Quand elle a retenti pour la première fois
Dans cette enceinte illustre, à jamais consacrée,
Où siégeaient avec lui les pères de nos lois!

Les fiers accens de sa bouche savante,
De l'asile des morts interrompant le deuil,
Font tressaillir cette ombre triomphante
Dont la France admira la parole éloquente:
Sous le marbre glacé qui couvre ton cercueil,
Applaudis, Mirabeau, cette grandeur rivale,
Cet émule puissant, c'est toi qui l'as formé,
Et ta gloire jamais ne trouvera d'égale
Quand son tombeau sera fermé!

Parcourant d'un pas sûr sa nouvelle carrière
Le front couvert encor d'une noble poussière,
Pour des combats nouveaux il paraît tout armé :
Il rassure d'un mot un grand peuple alarmé,
Et foudroyant des feux de sa vive éloquence
Des Thersytes du jour la stérile abondance,
L'œil tout brillant d'ardeur comme au jour du danger,
Il s'élance, il défend ceux qu'on ose outrager :
Il vient justifier cette immense jeunesse
Dont l'amour et le deuil l'environne et le presse ;
En père, en citoyen il sait la protéger.
« Un jour, s'écriait-il, elle se doit venger!

» L'honneur comme la gloire a des échos en France,
» Et vous bénirez sa vengeance
» Vous tous ici qui l'accusez! »

Détracteurs imprudens, dont le soupçon nous blesse,
Lorsque nous acquittons sa touchante promesse,
Soyez enfin désabusés!

Cette jeunesse hélas! qui savait le comprendre,
Son noble cœur ne la défendra plus,
Et la mort l'a frappé de ses coups absolus.
Ceux qu'il a tant chéris, ne pourront plus l'entendre,
Et nous devons pleurer sur son humide cendre :
O Mort! tu regrettais de l'avoir respecté,
Cet actif gardien de notre liberté!
Tu l'as frappé; mais ta main funéraire
Ne nous a pas privés de sa dépouille entière,
Il nous reste du moins un touchant souvenir;
Nous saurons le transmettre aux races à venir.

De son flambeau divin conservant la lumière,
Nous dirons à nos fils : Espoir de ses vieux jours,
Nobles enfans de la moderne Athènes :
Écoutez les leçons du nouveau Démosthènes!
Ne perdez pas le fruit de ses sages discours!
« Vous mêmes, gardez vous de préparer vos chaînes;
» Même en le condamnant, honorez le pouvoir
» Et ne sortez jamais des bornes du devoir. »
. . . .

C'était là le secret de ta sainte éloquence!
Tu fus pendant dix ans, l'appui de notre France :
Ah! vois du haut du Ciel, nos plus grands orateurs
Te proclamer leur Prince en te couvrant de fleurs!
Modèle révéré de leur indépendance,
Dédaignant les honneurs offerts à ton silence,
Ta vertu méprisa l'or et les corrupteurs;
Tu leur préféras l'innocence.

Levez-vous Cazalès, Barnave et Mirabeau!
Qu'un seul jour le trépas nous rende ses victimes !
Secouez un moment la poudre du tombeau,
Dressez-vous, ombres magnanimes!

Saluez l'orateur aussi puissant que vous,
Qui jamais en vertus n'érigea les grands crimes;
Confondez votre deuil et nos pleurs unanimes,
Et faites cortége avec nous!

Dans les cieux ébranlés, peuple, la foudre gronde!
Peuple, vois-tu briller ces rapides éclairs;
Les vents et le déluge ont déchiré les airs,
Est-ce le dernier jour du monde?

Français, Français, ne vous dispersez pas!
La France a perdu sa parure.
La Liberté célèbre un grand trépas,
Et le Dieu protecteur a troublé la nature!

Foulez à pas pressés la terre des tombeaux ;
Nous y sommes conduits par l'éclat des flambeaux ;
Nous voici dans l'enceinte, et la tombe entr'ouverte
De la France bientôt va consommer la perte.
Pleurons le citoyen en pleurant le héros.

Hommage à vous qui d'une voix touchante
Lui rendez les derniers honneurs ;
Recevez celui de nos pleurs !
Hommage à vous, guerriers, dont l'arme vacillante
Fait retentir au loin les échos douloureux !
C'est la première fois que votre arme est tremblante !
Que l'encens fume et monte jusqu'aux Cieux ;
Cet encens glorieux doit plaire à sa vaillance :
L'ami de notre indépendance,
Était le Bayard de nos preux !

Mais le prêtre à béni la cendre
Du soldat courageux et de l'homme de bien ;
Dans le caveau fatal, tes amis vont descendre
De leur pays le plus ferme soutien !

Adieu cent fois, héros des anciens âges!
Adieu guerrier! dans la paix si puissant,
La liberté du nom de grand
Orne l'airain de tes images!

Toi qui veillas toujours, tu dors donc à présent!
Dors sans regret dans ta demeure sombre :
Des honneurs éternels vont entourer ton ombre,
Et tu vas recevoir notre dernier présent!

Rome et la Grèce libre en leurs jours de victoire,
Jusques dans leurs enfans ont honoré la gloire
Des héros de leur temps;
Foy! ne crains rien pour ceux que ton trépas nous laisse :
Que cette tombe ici reçoive nos sermens!
Émule, en sa douleur, de Rome et de la Grèce,
La France entière adopte tes enfans,
Et tes derniers neveux connaîtront sa tendresse!

Ah! donne un libre cours à tes justes sanglots!
Pleure, gémis, chère Patrie!
Écoute cette voix qui du fond des tombeaux,
Et t'appelle et te remercie!

La terre a retenti sur ton humble cercueil.
O Foy, *qu'elle te soit légère!*
Vous qu'il a tant aimés, Français, prenez le deuil,
Tout Français a perdu son père!

Et moi, bien jeune encor, j'espérais dans les camps,
Apprendre un jour de lui la science des armes;
Mais, hélas! il est mort, et mes yeux de long-temps,

Ne verront se tarir la source de leurs larmes !
Vaine espérance , vain orgueil,
Il n'est plus, malheur aux esclaves!
Il n'est plus, le brave des braves ,
Et moi je porte aussi son deuil !

www.ingramcontent.com/pod-product-compliance
Lightning Source LLC
LaVergne TN
LVHW010331230826
846091LV00009B/3813